Julia Boehme

Kleine LESE TIGER
Weihnachtsgeschichten

Illustriert von Vanessa Paulzen

Bibliografische Information Der Deutschen Bibliothek
Die Deutsche Bibliothek verzeichnet diese Publikation in der
Deutschen Nationalbibliografie; detaillierte bibliografische Daten
sind im Internet über *http://dnb.ddb.de* abrufbar.

ISBN 3-7855-4759-5 – 1. Auflage 2003
© 2003 Loewe Verlag GmbH, Bindlach
Umschlagillustration: Vanessa Paulzen
Reihengestaltung: Angelika Stubner
Redaktion: Rebecca Schmalz
Herstellung: Heike Piotrowsky
Gesamtherstellung: L.E.G.O. S.P.A., Vicenza
Printed in Italy

www.loewe-verlag.de

Inhalt

Weihnachtsfreunde

Karlotta wohnt in einer riesigen Burg.
Aber was nützt ihr eine so große Burg,
wenn sie dort ganz einsam ist?

Nie kommt jemand zu Besuch.
Auch heute zu Weihnachten nicht.

Denn alle haben Angst
vor Karlottas Gespenst.
Dabei ist Sebaldus harmlos. Wirklich!

Er taucht nur ab und zu auf,
um Karlotta zu erschrecken,
und verschwindet gleich wieder.

„Schade, dass ich immer
alleine feiern muss",
seufzt Karlotta
und schmückt den Tannenbaum.

Plötzlich erscheint Sebaldus
und wirft Karlotta
eine Ladung Lametta über.

„Huch", sagt Karlotta nur.
Sie erschrickt längst nicht mehr,
wenn Sebaldus spukt.

11

Karlotta legt Geschenke
unter den Baum.
Eins nach dem anderen.

Da taucht Sebaldus wieder auf.
Aber zum ersten Mal vergisst er,
Karlotta zu erschrecken.

Und zum ersten Mal
spricht er mit ihr.

„Kriege ich auch ein Geschenk?",
fragt Sebaldus leise.

„Wer nichts verschenkt,
bekommt auch nichts",
stellt Karlotta klar.

Sofort ist Sebaldus verschwunden.
Wie immer.

Doch als am Weihnachtsbaum
die Kerzen brennen,
ist er urplötzlich wieder da.

„Wollen wir nicht zusammen
Weihnachten feiern?", fragt Karlotta.

Sebaldus überlegt einen Moment.
„Ausnahmsweise", sagt er.
„Aber morgen erschrecke ich
dich wieder!"

Der Weihnachts-Schneemann

Ausgerechnet am Heiligen Abend
beginnt es zu tauen.
Kim und Mia stehen traurig am Fenster.

Gestern haben sie gemeinsam
einen Schneemann gebaut.
Und jetzt schmilzt er.

„Die Nase wackelt schon!",
seufzt Mia.

Kim nickt.
„Am liebsten würde ich
den Schneemann in den
Eisschrank stecken!"

Mia strahlt auf einmal:
„Mensch, das ist die Idee!"
„Was denn?", fragt Kim.

„Wir bringen ihn ins Stadion!",
erklärt Mia ungeduldig.

21

Kims und Mias Papa
ist Hausmeister im Eisstadion.
Und sie wohnen gleich daneben.

„Hoffentlich gibt das keinen Ärger!“,
murmelt Kim,

als Mia Papas Schlüssel stibitzt.

Mia schlüpft in ihre Jacke.
„Wir müssen
unseren Schneemann retten.
Schließlich ist Weihnachten!"

Und so laufen Kim und Mia
nach draußen.

Vorsichtig laden die beiden
ihren Schneemann
auf Papas Schubkarre.

Damit fahren sie ihn
nach nebenan, ins Stadion.

„Hier kann dir
nichts mehr passieren",
flüstert Kim dem Schneemann zu.

Als Papa am nächsten Morgen
das Stadion öffnet,
macht er große Augen.

Mitten auf dem Eis
steht ein Schneemann.
Zuerst ist Papa böse.

Doch die Schlittschuhläufer
sind begeistert.

„Ein Weihnachts-Schneemann!",
rufen sie und kurven lachend
um den Schneemann herum.

Also darf der Schneemann bleiben.
Wenigstens bis zum nächsten Frost.

27

Wir Weihnachtsbären

Also, das ist doch fies!
Wir tun die ganze Arbeit,
und alle glauben,
es war der Weihnachtsmann.

28   Was? Du etwa auch?

Glaubst du wirklich,
ein alter Mann fliegt im Schlitten
um die ganze Welt?

Und trägt an einem Abend
all die vielen Geschenke aus?
Das geht doch gar nicht!

29

Es wird langsam Zeit,
dass du die Wahrheit erfährst:
Weit weg, mitten im Meer,
liegt die Weihnachtsinsel.

Darauf wachsen
die schönsten Tannenbäume.
Genau da leben wir.

Wir, die Weihnachtsbären.
Das ganze Jahr über
singen wir Weihnachtslieder
und basteln dabei Geschenke.

Aber für die Bescherung an Heiligabend
sind selbst wir zu wenige.

Du meinst, das stimmt nicht?
Nur weil du noch nie
einen Weihnachtsbären gesehen hast!

Aber sei mal ehrlich:
Hast du denn schon
den Weihnachtsmann gesehen?
Den echten, meine ich. Na also!

Der Mann im roten Mantel

„Lasst mich raus!",
kläfft Bobo wütend.
„Ich bin unschuldig!
Was soll ich im Gefängnis?"

Die anderen Hunde lächeln müde:
„Hier ist doch kein Gefängnis!"

„Was denn sonst?"
Bobo rüttelt am Gitter.

„Du bist im Tierheim",
knurrt die dicke Bulldogge.
„Es gibt auch genug Futter",
tröstet ihn der Pudel.

Das mit dem Futter
ist schon in Ordnung.
Früher hat Bobo
auf der Straße gelebt.
Viel zu beißen gab es da nie.

Aber sonst ist es furchtbar hier:
Die Zelle ist winzig und kalt.

Die einzige Rettung
sind die Besucher.
Das merkt Bobo schnell.

Sie kommen,
suchen sich einen Hund aus
und nehmen ihn mit nach Hause.

Bobo möchte auch mit.
Aber keiner will ihn haben.

Nach und nach verschwinden so
alle seine Freunde.
Nur Bobo ist noch da.
Draußen schneit es.

Als es dämmert,
kommt ein Mann im roten Mantel.

Er bleibt vor Bobos Käfig stehen.
„Den will ich", sagt er.
Bobo sieht ein Lächeln
hinter dem weißen Bart.

Der Mann bringt Bobo
zu einem kleinen Haus.
„Hier wird es dir gut gehen",
verspricht er und klingelt.

Dann lässt er Bobo alleine
vor der Tür sitzen.

Bobo ist das gar nicht recht:
Der nette Mann soll bleiben!

Doch als die Tür aufgeht,
weiß Bobo, dass er hier richtig ist.
„Genau so einen wollte ich!",
ruft der Junge und streichelt Bobo.

Jetzt hat Bobo,
was er noch nie hatte:
Ein richtiges Zuhause.

Wenn er den Mann im roten Mantel
wieder trifft, muss er sich unbedingt
bei ihm bedanken!

43

Julia Boehme wurde 1966 in Bremen geboren. Sie studierte Literatur- und Musikwissenschaft und arbeitete danach als Redakteurin beim Kinderfernsehen. Eines Tages fiel ihr ein, dass sie als Kind unbedingt Schriftstellerin werden wollte. Wie konnte sie das bloß vergessen?
Auf der Stelle beschloss sie, jetzt nur noch zu schreiben. Seitdem denkt sie sich Kinderbücher und Geschichten fürs Fernsehen aus.

Vanessa Paulzen wurde 1970 geboren und lebt heute mit Mann und Sohn in Dortmund. Sie studierte in Essen Kommuni-kationsdesign mit dem Schwer-punkt Grafik und Illustration und besuchte in Paris die Ecole Supérieur d'Arts Graphiques.
Am liebsten illustriert sie Kinderbücher und Comics.

Erster Leseerfolg

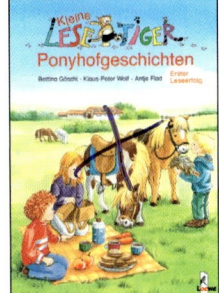